HISTOIRE

BON VICAIRE

ANGERS

IMPRIMERIE DE J. LEMESLE, PLACE SAINT-MARTIN, 1

1869

LE BON VICAIRE

I

Depuis de trop longues années le cléricalisme règne en maître, surtout dans nos campagnes. Or il arrive nécessairement que beaucoup de ses membres abusent de leur situation, de leur ministère, de la tolérance du gouvernement pour s'introduire dans les familles et y causer parfois les plus épouvantables malheurs.

Cela est inévitable. Le prêtre astreint au célibat, contre toutes les lois naturelles, n'en est pas moins homme. S'il vivait en cénobite, en solitaire, si, comme S. Siméon, le premier stylite, il se séparait de la terre par une colonne de vingt coudées, peut-être échapperait-il à la tentation. Mais il n'en est pas ainsi : mêlé à la vie publique, bien nourri, soumis à des travaux qui fatiguent peu le corps, il devient, par la confession, le dépositaire des secrets de familles, des pensées les plus intimes de nos mères, de nos sœurs et de nos filles. Il est le maître.

Supposons-le mauvais, incapable de résister aux ardeurs naturelles, que devient-il, sinon l'ennemi le plus perfide, le plus dangereux de la famille ?

Ce gros et solide gaillard, qui peut-être n'a pris la robe que pour échapper à la conscription et vivre tranquille, aux frais du contribuable, devient le dispensateur de la paix du ménage. Il se placera quand il le voudra entre le mari et la femme, entre l'enfant et le père ; par la confession vous lui appartiendrez.

Ce que votre femme et votre fille n'oseront vous dire, elles le lui diront, à lui, et lorsque vous commanderez, c'est lui qui sera obéi. Et le jour où il lui plaira, à ce mauvais prêtre, de prendre votre femme ou votre fille, il le fera, sans que vous le sachiez, et si vous le savez sans que vous osiez vous en plaindre.

Ces cas sont beaucoup plus fréquents qu'on ne le croit généralement. Si l'on voulait parler ! que de curés, que de vicaires, que de frères dont la conduite scandaleuse pourrait être mise au grand jour! Mais non, l'on n'ose pas et l'impunité semble acquise à certains de ces misérables qui corrompent les enfants et pervertissent la famille. On les change de paroisse ou de diocèse et tout est dit.

Nous pensons qu'il est temps de mettre un terme à cette double hypocrisie. Ce n'est point le scandale que nous cherchons, mais la lumière. Il est bon, maintenant que la morale a conquis son indépendance, de montrer clairement les conséquences funestes du célibat de prêtres et de la confession, deux institutions destinées, nous l'espérons, à disparaître bientôt.

C'est pour cela que nous n'avons point cru devoir faire le silence sur les faits et gestes récents d'un vicaire d'une paroisse bien connue de tous nos lecteurs, quoique les lois actuelles sur la presse nous aient interdit de publier aucun nom. C'est pour cela que nous avons hardiment révélé les faits dans l'*Ouest*, en sollicitant de l'autorité diocésaine, des rectifications qui ne sont pas venues. Car, il faut bien le dire, nous sommes restés au dessous de la vérité; il est de ces choses que l'on ne saurait dire, mais que nous avons laissé soupçonner, pensant avec raison, que tout le monde est intéressé à savoir ces choses.

Le succès de nos articles, nous a démontré bien clairement que le joug clérical est à charge à nos populations et qu'il est temps de l'attaquer en face. C'est ce que nous faisons, en réunissant ici ces articles, à la demande d'un grand nombre de nos abonnés. Si nous parvenons à inspirer aux pères de famille des craintes salutaires, notre but sera atteint.

II

Dans le numéro de l'*Ouest* du 3 mars dernier, nous avons publié la lettre suivante :

A Monsieur Angebault, évêque d'Angers.

Monsieur l'évêque,

Je crois savoir que vous ne lisez pas l'*Ouest* ; il n'est donc pas étonnant que vous ignoriez ce qui a été inséré dans ce journal, le jeudi 25 février dernier, à propos d'un article de l'*Union de l'Ouest*.

Nous disions :

« Nous connaissons dans un département que nous pourrions nommer, une commune dont le nom est sur le bout de notre plume, où se trouvait un jeune vicaire, solide, vigoureusement bâti, beaucoup mieux fait pour la casaque militaire que pour la robe de prêtre. Ce misérable confessait deux jeunes filles, deux sœurs, très-jeunes et très-jolies. Il en abusa à tel point que les conséquences ne s'en purent plus dissimuler.

« La famille désolée, écrasée par cette infamie porta

plainte à l'évêque. Quelle a été, dans l'idée de l'*Union de l'Ouest*, la détermination de l'évêque ?

« Veut-on le savoir ? Eh bien ! le pasteur des âmes — que nous pourrions nommer, nous le répétons — a simplement changé le vicaire de paroisse. De telle sorte que ce qu'il fait à droite, il pourra le faire à gauche. Est-ce de la justice, est-ce de la moralité, est-ce du christianisme ? »

Aucun démenti ne nous est arrivé ; pas de rectification. Au contraire, les bruits auxquels nous faisions allusion n'ont fait que se répandre et qu'agiter profondément l'esprit public de nos campagnes. Car, il faut bien vous le dire, monsieur l'évêque, c'est dans votre diocèse que les faits se sont passés.

La version publiée par l'*Ouest* est-elle exacte en tout point ? Je n'oserais l'affirmer, mais ce qu'il y a de certain, c'est que la rumeur publique s'est emparée de l'événement et l'a peut-être étrangement dénaturé. Il est question d'une troisième sœur qui n'aurait échappé aux ignobles tentatives du vicaire que, grâce à son extrême jeunesse ; d'autres disent qu'une quatrième personne encore aurait été victime des tendresses du jeune abbé. Tout cela est probablement de l'exagération, de la calomnie peut-être, mais ne pensez-vous point, monsieur l'évêque, qu'il soit temps de mettre fin à ces propos s'ils sont calomnieux, et d'indiquer, en cas contraire, les mesures de répression que, sans doute, vous avez prises ?

Dans l'intérêt de la morale, de la famille et de la religion, convient-il de garder un mutisme obstiné, de ne point poursuivre les calomniateurs s'ils existent, de ne pas avouer ces faits, aussi déplorables qu'ils soient, qui ne sauraient d'ailleurs retomber que sur le coupable, si, malheureusement, ils sont exacts ?

Les colonnes de l'*Ouest* sont à votre disposition, s'il vous plaît de rectifier ou de démentir ces bruits qui circulent sourdement et portent une atteinte plus grande que vous ne pensez, monsieur, à la dignité d'un corps, d'une classe de citoyens, entretenus par tous les contribuables.

Oui ou non, monsieur l'évêque, un vicaire de votre diocèse s'est-il rendu coupable de faits approchant les versions qui courent dans le département ?

Oui ou non, ce misérable, pour tout châtiment, aurait-il été simplement changé de diocèse, tandis qu'il aurait dû être livré à la justice, à toute la rigueur des lois qui doivent protéger et protègent la famille et la société ?

Ce sont là, monsieur, des questions excessivement graves

auxquelles l'opinion publique vous prie, par notre organe, de répondre catégoriquement.

S'il n'en est rien, nous serons heureux de rassurer, sur votre parole, les populations émues et de confondre les calomniateurs. Vous nous trouverez toujours disposés à servir la cause de l'innocence et de la vérité. Mais si les faits étaient exacts, si vous ne daigniez pas nous honorer d'une rectification que nous sollicitons humblement, savez-vous ce qu'il arriverait, monsieur?

D'abord l'*Ouest* entreprendrait une enquête dont il livrerait tous les documents à M. le procureur impérial, s'il y a lieu, et, en tout cas, au public. Et pour que cette affaire ne tombât pas dans l'eau, nous invoquerions l'appui de tous les organes démocratiques du pays, car le pays entier est intéressé à la répression de certains actes sur lesquels on fait systématiquement le silence tandis que l'on devrait les exposer en pleine lumière. Ensuite nous aviserons à prendre d'autres mesures.

Nous ne prétendons pas nous ériger en tribunal et pénétrer, plus qu'il ne convient, au delà du mur de la vie privée. Mais tant que le prêtre émargera au budget, il sera fonctionnaire public, et si nous connaissions un fonctionnaire public abusant de son autorité, de la confiance qui lui est accordée, nous le dénoncerions hautement à la justice, au jugement de l'opinion publique.

Les journaux démocratiques, monsieur, sont plus amis que l'on ne le pense généralement de la morale, de la famille et même de la religion. S'ils combattent vigoureusement les abus et les superstitions, ils respectent les dogmes, en tant qu'ils ne sont pas imposés, et que tous les citoyens ne seront pas contraints à faire les frais des cultes divers. Nous ne demandons ni la fermeture des églises, ni la persécution du clergé; bien au contraire, nous voulons le clergé libre, indépendant, et nous pensons qu'il n'aura réellement la liberté et l'indépendance que lorsqu'il ne sera plus salarié par l'Etat.

Ce n'est donc pas par hostilité systématique, mais au nom de la morale, de la sécurité des familles, de la dignité même du clergé que j'ai l'honneur, monsieur l'évêque, de solliciter des explications sur les bruits que je vous transmets et de vous prier d'agréer l'expression des sentiments de votre très-humble serviteur,

A. DE ROLLAND.

L'évêque ne répondit pas ; l'*Union de l'Ouest* fit la sourde oreille, et le 5 mars parut dans l'*Ouest* l'article qui suit :

« Nous avions demandé humblement à l'administration diocésaine de vouloir bien nous renseigner sur le fait de ce jeune abbé d'une commune du département qui consacrait ses loisirs à des travaux peu évangéliques de leur nature. Si l'on avait daigné nous répondre que le fait était malheureusement exact, que les mesures préventives n'avaient pu être prises à temps, que la répression avait été impossible, vu la fuite immédiate du bon vicaire, tout eût été fini. Nous nous serions borné à montrer aux pères de familles les dangers qu'il peut y avoir à envoyer leurs femmes et leurs filles dans les confessionnaux des abbés mignons, et nous n'eussions pas davantage troublé la douce quiétude de monsieur l'évêque.

Mais l'on garde le silence sur des actes des plus scandaleux, qui intéressent au plus haut point la morale et la sécurité des familles. Alors nous remplissons notre devoir, au nom de la religion, de la morale, de la famille ouvertement, outragées en plein soleil, et nous commençons une enquête pour notre propre compte, dont nous livrerons tout ce qu'il est décemment permis de livrer au public.

Et que l'on ne nous accuse pas de chercher le scandale, d'agir par hostilité systématique contre le clergé. Non, ce n'est point là notre but ; nous avons des visées plus hautes. Que nous importe un misérable qui séduit une famille entière et jette la désolation dans la commune où il devait donner l'exemple de toutes les vertus ? Ce n'est point lui que nous poursuivons, et nous ne rendons pas le clergé solidaire de ses monstrueux égarements. Nous remontons aux principes et nous trouvons la cause naturelle, fatale, des événements de cette nature, dans la confession et les abus qu'elle couvre, aussi bien que dans le célibat des prêtres.

Ceci dit, nous apprendrons à nos lecteurs que nous avons consacré notre journée d'hier à commencer, sur le théâtre même des exploits du bon vicaire, une série d'informations qui promet d'être abondante et curieuse. Il est évident que nous ne voulons tomber dans aucun piége, que par conséquent nous ne nommerons — provisoirement, — personne ; c'est, du reste, le secret de la comédie et chacun peut savoir où se sont passés les événements. Seulement il nous importe de ne pas tomber sous le coup de la loi de diffamation..... même pour n'avoir dit qu'une partie de la vérité.

Nous savons bien que l'on voudrait de cette façon nous

imposer le silence, mais nous sommes préparés et bien préparés à toutes les poursuites que l'on essaierait de nous
intenter.

Donc nous sommes aux environs de la Loire, la situation
est magnifique, le paysage admirable. Nous ne croyons
pas que sur les rives de notre fleuve soit situé site plus
enchanteur. Tout est là réuni : les îles vertes et fleuries, les
capricieux détours de l'onde paisible et voluptueuse d'habi-
tude, terrible et furibonde à ses mauvais jours ; et dans le
fond une chaîne d'admirables collines qui se confondent
dans les teintes vagues de l'horizon.

Et si l'on voulait ajouter plus de poésie encore à ce poé-
tique tableau, on n'aurait qu'à ouvrir une page de l'histoire
et à suivre pas à pas les traces des lutteurs infatigables, des
héros mêmes, dont le passage est encore présent à la mé-
moire de quelques vieillards oubliés par la mort.

Est-ce cet enchaînement de circonstances qui a agi trop
fortement sur l'imagination du bon vicaire? Nous ne le
croyons pas ; les grands spectacles de la nature et les grandes
pages de notre histoire élèvent et portent au bien ; celui-là
n'était porté qu'au mal.

Il avait pour curé un prêtre vénérable et vénéré, courbé
déjà par l'âge et les fatigues, incapable de soupçonner le mal,
par conséquent des plus faciles à abuser et, de fait, il le
trompa comme il devait tromper ses paroissiens et ses
paroissiennes ; nous avons dit ...

Voyez-vous ce grand jeune homme de trente à trente-
deux ans, robuste, admirablement constitué, dans
... Il est presque le roi? Le matin,
après sa messe, alors qu'il devrait croire à réciter son bréviaire, à visiter les malades, il court à la chasse, enjambe
les fossés, marche à travers monts et vallées, jette son fusil
... son canal, et cherche à échapper par tous les
moyens possibles à cette loi anti-naturelle du célibat qu'il
n'a point faite et contre laquelle il se révolte. Par-ci par-
là, il se ... aux habitants, accepte volontiers un
verre, ... de toutes ... Les jeunes filles
l'admirent ... et vous le soin ...
cadilles ...

Ah! c'est toujours ainsi, cela, que ces choses ...
L'enfant jaune ... se trouve face à face avec un
homme dans toute la vigueur de l'âge auquel elle est obli-
gée de dévoiler les replis les plus secrets de son âme. Il faut
devant ce juge suprême analyser ses pensées — ce que l'on
n'avait jamais fait — et même expliquer ... que la plus con-

fiante des filles n'oserait conter à sa mère. Moralement elle se livre tout entière, et si le confesseur est jeune, s'il n'a pas la force de résistance qui convient à ce terrible ministère, elle lui appartiendra.

L'histoire en est vieille ; n'est-ce point celle du curé Maingrat que Paul-Louis Courrier racontait en 1823 et que nous allons rappeler à nos lecteurs?

Devant notre persistance l'*Union de l'Ouest* se décida enfin à avouer les faits. Elle le fit de la façon suivante :

« Honni soit qui mal y pense, » l'*Ouest* est un bon journal, ou, si l'on veut, un journal qui a du bon. Sans doute nous avons bien par-ci par-là quelques points de dissidence avec cet organe de la démocratie très-avancée, mais il en est d'autres sur lesquels nous serons toujours d'accord.

» Ainsi, par exemple, l'*Ouest* ne veut faire grâce à aucun abus ; il pourchasse sans pitié les moindres violations du droit, et ces fautes, ces scandales, rares sans doute, mais enfin qui se produisent de temps à autre et affligent les honnêtes gens, trouvent en lui un vengeur inexorable. Qui pourrait le blâmer d'un tel zèle, et de cette passion du vrai, et de ce culte de la justice, et de cette horreur du mal, et de cet amour de la vertu? ce ne sera pas l'*Union de l'Ouest*. Nous sommes prêts, au contraire, à entreprendre, de concert avec l'*Ouest*, une campagne à fond contre tout ce que les lois, l'honneur et la morale réprouvent.

» Il y avait dans le diocèse d'Angers un vicaire, un mauvais prêtre, tranchons le mot, un misérable. Abusant de sa robe, de son caractère, de son ministère, de tout ce qui aurait dû être pour lui une barrière infranchissable, il n'a pas craint, par son immoralité honteuse, de jeter une famille dans le désespoir et la honte. C'est une infamie, et l'on ne saurait assez énergiquement flétrir un pareil oubli du devoir.

» L'*Ouest* l'a fait; l'*Union de l'Ouest* n'hésite pas à le faire après lui. Nous disons *après lui* parce que de notre propre mouvement, nous n'aimons guère à fouger dans les ordures morales, et qu'ensuite il ne nous est pas absolument démontré qu'il y ait toujours, et dans tous les cas possibles, un intérêt réel, — nous parlons au point de vue du public, — à étaler devant la foule des turpitudes de cette nature.

» Cependant, si d'autres ont l'obligeance de se charger d'une besogne qui nous répugne et qu'alors il faille dire son sentiment sur la chose, Dieu sait si nous prenons des chemins de traverse pour exprimer notre opinion, si nous épargnons les personnes et si nous ménageons les termes. »

Cet aveu tardif ne pouvait plus nous imposer silence. Il était trop tard, aussi avons-nous continué en ces termes :

Ce n'est pas sans intention que nous allons raconter ici, d'après Paul-Louis Courier, l'histoire du curé Maingrat. Il nous importe beaucoup de démontrer deux choses : d'abord que le célibat imposé aux prêtres et la confession, qui n'est nullement d'institution divine, sont, en grand nombre de cas, des causes manifestes de démoralisation ; ensuite que l'autorité ecclésiastique, loin de sévir, dans les cas semblables à celui qui nous occupe, ne songe, au contraire, qu'à dérober le coupable à l'action vengeresse de la justice.

Que disait donc Paul-Louis Courier en 1823 ? Écoutons-le, c'est une page toujours bonne à remettre sous les yeux des lecteurs :

« Que serait-ce si j'allais demander, comme vous le voulez, la punition du prêtre qui a tué sa maîtresse ou le mariage de celui qui a rendu la sienne grosse ? Alors triompherait le procureur du roi ; la morale religieuse le poursuivrait, aidée de la morale publique et de toutes les morales, hors celle que nous connaissons et que longtemps nous avons crue la seule.

« D'ailleurs je ne suis pas si animé que vous contre ce curé de Saint Quentin. Je trouve dans son état de prêtre de quoi, non l'excuser, mais le plaindre. Il n'eût pas tué assurément sa seconde maîtresse s'il eût pu épouser sa première devenue grosse, et qu'il a tuée aussi, selon toute apparence.

« Voici comme on conte cela, dont vous semblez mal informés.

« Il s'appelle Maingrat, n'avait guère plus de vingt ans quand, au sortir du séminaire, on le fit curé de Saint-Opre, village à six lieues de Grenoble. Là son zèle éclata d'abord contre la danse et toute espèce de divertissement Il défendit ou fit défendre par le maire et le sous-préfet, qui n'osèrent s'y refuser, les assemblées, bals, jeux champêtres, et fit fermer les cabarets, non-seulement aux heures d'office, mais, à ce qu'on dit, tout le jour les dimanches et fêtes....

« L'abbé Maingrat ne souffrait point qu'un bras nu se montrât à l'église et même ne pouvait, sans horreur, dans les vêtements d'une femme, soupçonner la forme du corps. Ami du temps passé d'ailleurs, il prêchait les vieilles mœurs à l'âge de vingt ans, la restauration, la restitution, tonnant contre la danse et les manches de chemises.

Les autorités le soutenaient, les hautes classes l'encourageaient, le peuple l'écoutait, les gendarmes aussi et le garde-champêtre, qui jamais ne manquait au sermon. Enfin il voulait rétablir, d'accord avec ses supérieurs, la pureté de l'ancien régime. Pour y mieux réussir, il forma chez sa tante venue avec lui à Saint-Opre, une école de petites filles auxquelles elle montrait à lire, les instruisant et préparant pour la communion. Il assistait aux leçons, dirigeait l'enseignement.

» Deux déjà parmi elles approchaient de quinze ans et lui parurent mériter une attention particulière. Il les fit venir chez lui : distinction enviée de toutes leurs compagnes, flatteuses pour leurs parents. Ces jeunes filles donc vont chez le jeune curé. Partout cela se fait depuis quelques années, aux champs comme à la ville ; les magistrats l'approuvent et les honnêtes gens en augurent le prompt rétablissement des mœurs.

» Elles y allaient souvent ensemble ou séparées ; c'était pour écouter des lectures chretiennes, répéter le catéchisme, apprendre dés versets, des psaumes, des oraisons ; et tant y allèrent, qu'à la fin une d'elles se sent mal à l'aise, souffrante ; elle avait des maux de cœur....

» Cette enfant se trouve grosse ; ne sachant comment faire, ayant peur de sa mère, va se confesser au curé d'un village non loin de celui-là, à un homme tout différent de Maingrat. Il laissait danser, ne songeait point aux manches de chemise. La pauvrette lui dit son malheur et refusant de déclarer qui en était cause, ne voulait accuser qu'elle seule.

» Mais lui dit le curé, ma fille, est-il marié cet homme ? — Non. — Il faut l'épouser. — Impossible !

» Elle se trompait, car qui peut empêcher un homme de se marier s'il ne l'est. de faire une épouse de celle qu'il a rendu mère ? Quelle loi le défend ? Quelle morale ? Elle devait dire, pauvre enfant ! Dieu, les hommes, le bon sens, la nature, l'Evangile et la religion le veulent ; mais le pape ne veut pas ; et pour cela je meurs, pour cela je suis perdue.

« Ainsi à peine répondait-elle. avec plus de sanglots que de mots, aux questions de ce bon curé qui, enfin pourtant, parvenu à lui faire nommer l'abbé Maingrat, dès le soir alla chez lui et lui parla. L'autre se fâcha au premier mot, s'emporte et crie contre le siècle, accusant Voltaire et Rousseau et la philosophie et la corruption de la Révolution Le bonhomme eut beau dire et faire, il n'en pût tirer autre chose. Au bout de quelques jours la fille disparût sans que jamais parents ni amis en pussent avoir des nouvellas. On en demanda de tous côtés et longtemps inutilement : on finit par n'y plus penser. Voilà la première partie de l'histoire du curé Maingrat. »

Ce n'est pas sans intention, nous le répétons, que nous plaçons cette première partie de l'histoire du curé Maingrat sous les yeux des lecteurs. Nous en donnerons aussi la seconde, parce que dans les deux cas, il y a beaucoup de ressemblance avec les aventures du bon vicaire dont nous nous occupons.

Sans doute les conséquences n'ont pas été aussi funeste. Mais les causes sont les mêmes : cela commence de là même façon, au catéchisme ou au confessionnal, et si les victimes ne disparaissent pas toujours, en sont-elles moins condamnées au déshonneur et aux persécutions de ceux qui devraient au contraire réparer les préjudices causés ?

Ainsi dans l'affaire du bon vicaire, c'est le coupable qui a disparu — pas bien loin, croyons nous. On n'a pu le punir, soit, mais une réparation n'était-elle point due, en morale et en droit, aux filles qu'il a rendues mères ?

C'est là une question à examiner.

Et, à ce propos, pourrait-on nous dire ce que sont devenues ces deux malheureuses sœurs qui ont accouché à si peu de distance l'une de l'autre ? Nous avons, à ce sujet certains renseignements sur lesquels il faudra bien qu'on nous éclaire — bon gré mal gré.

Voyons maintenant la seconde partie du curé Maingrat, ainsi que la raconte Paul-Louis Courrier :

« La seconde est connue par les papiers publics où vous aurez pu voir comment, à cause des bruits qui couraient, on le transféra de Saint-Opre à la cure de Saint-Quentin. C'est la discipline. Quand un prêtre a donné quelque part du scandale on l'envoie ailleurs. Dans les cas graves seulement, il est suspendu *a sacris*, privé pour un temps de dire messe, et si la justice s'en mêle, le clergé proteste aussitôt, car on ne peut juger les oints.

« Le curé de Pezai en Poitou, l'abbé Gelee, ex-capucin ayant commis là une grosse et visible faute contre son vœu de chasteté, la justice se tût malgré toutes les plaintes ; on le transféra où il est, et ne semble pas corrigé, comme ne le fut point l'abbé Maingrat, qui, dans sa nouvelle paroisse, redoublant de sévérité, fit la guerre plus que jamais à la danse et aux manches de chemise.

« Certaine dévote bientôt, femme d'un tourneur, jeune et belle, le prit pour confesseur, et le voyait chez elle souvent, sans qu'on en causât néanmoins, car elle passait pour très sage. Un soir qu'elle était venue sur le tard à confesse, il la retint longtemps, puis l'envoie voir sa tante, qui demeurait chez lui, mais qu'il savait absente, ne devoir point revenir ce jour-là, et partant par un autre chemin, arrive avant cette femme, entre, et quand elle vint, la fit entrer.

« Ce qui se passa là-dedans, on l'ignore. Il l'emporta morte dans une grotte près du village, où avec un couteau de poche, l'ayant dépecée par morceaux, un à un, il les alla jeter dans la rivière ; c'est l'Isère. Alors on se souvint de la fille de Saint-Opré.

« Vous savez aussi comme il se soustrait aux poursuites qui n'eussent pas eu lieu sans le maire. Par le maire seul tous les faits furent constatés, publiés malgré les dévots et le clergé qui ne voulaient pas qu'on en parlât. Telle est leur maxime de tout temps. S'il arrive, dit Fénelon, que le prêtre fasse une faute, on doit modestement baisser les yeux et se taire.

« Mais le bruit d'un acte si atroce s'étant promptement répandu, on essaya d'en jeter le soupçon sur quelque autre. Même un grand vicaire à Grenoble, prêcha un sermon tout exprès sur les jugements téméraires, disant : « Mes frères, prenez garde ; tel peut vous paraître coupable qui, par son devoir est tenu, lui en dût-il coûter l'honneur et la vie, de céler le crime d'autrui ; et la malice d'autre part est si grande en ce siècle-ci que, pour se laver, on ne feint point de calomnier et noircir les plus gens de bien. »

» Cette pieuse invention, soutenue de toute la cabale dévote, aurait peut-être réussi et donné le change au public sans le maire de Saint-Quentin, qui, n'étant dévot ni dévoué, mais honnête homme seulement, par une information qu'il fit, força la justice d'agir.

» Le curé ne fut pas arrêté, parce que le Seigneur a dit : Gardez-vous de toucher à mes oints. Condamné comme contumace, il s'est retiré en Savoie, où maintenant il passe pour un saint et fait des miracles : on vient à lui de la vallée, de la montagne en pèlerinage ; on accourt, les femmes surtout, le voir, lui demander sa bénédiction. Cette main les bénit ; il leur tend cette main qu'elles baisent, femmes et filles, sans penser, sans frémir, sachant ce qu'il a fait.

» Mais on lui pardonne beaucoup parce qu'il a beaucoup aimé, ou peut-être il se repent et dès lors il vaut mieux que quatre-vingt-dix neuf justes. Qu'il en confesse encore quelqu'une jeune, jolie, et qu'elle lui résiste, il en fera comme des autres, sans perdre pour cela paradis. Saint Bon avait tué père et mère. Saint Maïngrat ne tue que ses maîtresses et ensuite fait pénitence •

Que le lecteur saisisse lui-même les rapprochements qui existent — moins le meurtre — entre l'histoire de Maingrat et celle du bon vicaire. On comprendra bien que nous ne pouvons point dire tout ce que nous voudrions. Toutefois rien ne nous empêche de rendre justice au maire .. qui fit poursuivre et condamner Maingrat. Sans contredit c'était un honnête homme.

C'est aussi par la confession que le vicaire en question a procédé. S'il fallait en croire les bruits qui circulent, il aurait ainsi débauché un grand nombre de jeunes filles, mais les preuves matérielles font naturellement défaut. Tenons-nous en à ce que l'on ne peut en aucune façon contester.

Nous avons dit comment ce gaillard, jeune, vigoureux, partageait son temps, entre la messe et la chasse, la pêche et le bréviaire, la musique et la confession. Parfois il jetait le froc de côté, s'affublait de vêtements ordinaires et courait ainsi le pays. Il aimait beaucoup à courir.

Non loin de la cure se trouvait une maison habitée par la famille dans laquelle il fit au moins deux victimes. Il n'y avait sur sa route qu'un mur à escalader ; cela ne pouvait pas l'arrêter bien longtemps. Mais d'abord il entra par la porte ; le matin il venait sous un prétexte ou un autre visiter ses paroissiennes ; le soir il les confessait ; il confessait toute la famille. Si bien qu'il eut ses grandes et ses petites entrées : par la porte le jour, par le mur la nuit.

S'il n'eût abusé que d'une personne, on pourrait encore chercher dans sa nature fougueuse et dans sa profession, des circonstances atténuantes. Mais ce n'est pas le cas, il trompe les deux sœurs et manœuvre si bien que ni l'une ni l'autre ne s'en doutent, jusqu'au jour où tout devait se découvrir.

Cependant une de ces malheureuses, qui était parvenue à dissimuler sa grossesse en se disant hydropique, fut prise, un jour qu'elle travaillait en journée chez une famille honorable, des douleurs de l'enfantement Elle court se cacher dans un coin de la maison ; mais son absence est bientôt remarquée, on la cherche et tout se découvre.

Non point tout, car la pauvre fille ne voulut pas dénoncer son séducteur. Il ne devait cependant pas tarder longtemps à être connu.

Dans une commune aussi petite que celle dont il est question les bruits circulent avec une rapidité effrayante. En moins de deux heures, chacun savait qu'une naissance extra-légale venait d'avoir lieu, et chacun se mettait en quête de renseignements. On en parla au vicaire lui-même qui, certain du silence de sa victime, se rendit audacieusement sur le lieu même où se trouvait la jeune mère, probablement pour lui faire un sermon bien senti sur la chasteté.

Là, il rencontra la plus jeune des deux sœurs, sa victime aussi.

— Ah ! mon enfant, s'écria le bon vicaire, quel épouvantable malheur ! Comment votre sœur a-t-elle pu oublier tous ses devoirs ! Quel est le misérable qui a abusé de sa jeunesse et de sa vertu ?

Et tout le monde admirait l'éloquence et l'indignation du bon vicaire. Tout le monde, moins la jeune sœur pourtant, car elle répondit :

— Le misérable, vous le connaissez bien, c'est vous !

— Comment, fit le bon vicaire en pâlissant, osez-vous....

— Oui, j'ose, dit la malheureuse, dévorée de jalousie, et je le dirai à tout le monde. C'est aujourd'hui le tour de ma sœur.... le mien viendra bientôt... Et il y en aura d'autres.

Devant cette révélation inattendue le bon vicaire perdit toute contenance. Il releva sa soutane jusqu'aux genoux et se mit à courir comme un fou du côté de la cure. Il monta chez lui, prit à la hâte quelques papiers, se dirigea vers la Loire, prit un bateau et se rendit en toute hâte à une gare voisine, où il prit le premier train qui passait.

Et tout fut dit.

Nous avons su qu'il s'était rendu dans un diocèse voisin, mais la publicité donnée à ses hauts faits, l'aurait contraint de se réfugier à Jersey.

Quant à ses victimes, elles disparurent bientôt. Où sont-elles ? Que sont devenus les enfants ? Le bruit court que les malheureuses sont enfermées dans une maison religieuse. Si cela est, on leur fera payer bien cher les crimes du bon vicaire. La chronique scandaleuse veut aussi que les enfants aient été mis à l'hospice. — A coup sûr l'autorité diocésaine se gardera bien de nous renseigner à ce sujet.

Telle est l'histoire du bon vicaire.

III

Quelques personnes nous accuseront peut-être d'avoir osé donner tant de publicité à des faits d'une si haute immoralité. Loin de nous en repentir, nous nous en applau dissons! Depuis que nous avons entrepris cette lutte, des encouragements nous sont venus de toutes parts, et de nombreux journaux ont reproduit nos articles en les accompagnant de réflexions qui nous prouvent qu'il y a beaucoup, beaucoup de bons vicaires.

Les révélations ne nous ont pas fait défaut. Elles abondent au contraire, et nous les réservons pour une époque prochaine, nous l'espérons, où la presse, plus libre, pourra hardiment arracher le voile et dire tout ce qu'elle sait.

C'est dans l'intérêt de la morale et de la famille que nous avons publié tous ces faits. Nous espérons que ce récit fera ouvrir les yeux à grand nombre de pères de familles et qu'ils y regarderont à deux fois avant d'envoyer leurs femmes et leurs filles à confesse. Ainsi soit il! —

A. DE ROLLAND.